Succession de Madame A. C...

RICHES BIJOUX

Objets d'Art et d'Ameublement

ANCIENS ET DE STYLE

TABLEAUX

RICHES BIJOUX

Objets d'Art et d'Ameublement

TABLEAUX

CONDITIONS DE LA VENTE

Elle sera faite au comptant.

Les Acquéreurs paieront **dix pour cent** en sus du prix d'adjudication.

L'exposition mettant le public à même dé se rendre compte de l'état et de la nature des objets, il ne sera admis aucune réclamation une fois l'adjudication prononcée.

Paris. — Imp. Georges Petit, 12, rue Godot-de-Mauroi. — 13002-03.

CATALOGUE

DES

RICHES BIJOUX

enrichis de brillants et pierres de couleur

MAGNIFIQUES COLLIERS DE PERLES

D'UN RANG ET DE TROIS RANGS

BROCHES, BRACELETS, BOUCLES D'OREILLES

en grosses perles noires et blanches

ARGENTERIE

TABLEAUX

Objets d'Art et de bel Ameublement

ANCIENS ET DE STYLE

PORCELAINES ET FAIENCES — MEUBLES

Dépendant de la Succession de Madame A. C...

ET DONT LA VENTE APRÈS DÉCÈS AURA LIEU A PARIS

HOTEL DROUOT, Salle N° 6

Les Mercredi 10, Jeudi 11 et Vendredi 12 Juin 1903

à deux heures

COMMISSAIRE-PRISEUR

M

EXPERTS

MM. MELLERIO dits MELLER
Joailliers-Experts
9, Rue de la Paix, 9

M. ARTHUR BLOCHE
Expert près la Cour d'Appel
51, Rue Saint-Georges, 51

Chez lesquels se distribue le présent Catalogue.

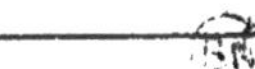

EXPOSITIONS

PARTICULIÈRE : Le Lundi 8 Juin 1903, de 1 heure 1/2 à 6 heures.
PUBLIQUE : Le Mardi 9 Juin, de 1 heure 1/2 à 6 heures.

ORDRE DES VACATIONS

Mercredi 10 Juin 1903.

	Numéros
Tableaux, aquarelles	112 à 122
Sculptures, objets de vitrine et divers . . .	158 à 196
Argenterie	42 à 94
Argenture.	95 à 111

Jeudi 11 Juin 1903.

Bijoux, perles, diamants	1 à 41

Vendredi 12 Juin 1903.

Porcelaines, faïences	123 à 157
Bronzes	197 à 220
Sièges	221 à 230
Meubles	231 à 260
Tapis, tentures	261 à 267

BIJOUX

1 — Très beau collier composé d'un rang de 49 perles blanches et rondes et d'une perle ovale, formant fermoir. Poids brut : 495 grains.

2 — Beau collier de trois rangs de perles en chute, composé comme suit :

Un rang de 50 perles, pesant 468 grains 1/8 net.
» 55 » » 521 grains 1/8 net.
» 57 » » 568 grains net.

Total : 162 perles, pesant 1557 grains 1/4 net. Pourra être divisé.

3 — Broche barrette et liens brillants sur or, supportant une perle poire grise de 122 grains 1/2 et une perle poire blanche de 108 grains.

4 — Broche ronde, composée d'un brillant et d'une perle poire bronzée, pesant 65 grains 1/2.

5 — Bracelet à ressort tout en brillants, avec perle bouton grise, pesant 76 grains.

6 — Bracelet avec applique gros saphir, entre deux beaux brillants poires formant broche, enrichis de huit brillants sur le corps de bras.

7 — Bracelet gourmette or mat, orné d'un rubis, un saphir, un brillant, une turquoise et deux perles blanches.

8 — Collier modèle forçat en or mat, terminé par deux perles blanches forme poires, pesant 189 grains, calottes et coulants brillants et roses.

9 — Paire de boutons d'oreilles, perles blanches, pesant 117 grains la paire, surmontées d'un brillant.

10 — Paire de boutons d'oreilles, brillants solitaires, pesant 12 carats, montés sur griffes argent.

11 — Paire de boutons de chemise, deux perles blanches, pesant ensemble 51 grains 3/4.

12 — Jeu de trois bagues, ligne arcades, composées de cinq saphirs, cinq brillants et quatre rubis.

13 — Fermoir de collier, composé de trois brillants.

14 — Montre or, ornée de l'initiale *A*, couronne émail, supportée par un crochet onyx et roses.

15 — Montre or émaillé en plein, à sujet mythologique. Epoque Louis XV.

16 — Médaillon, chien cristal gravé, entourage et bélière en roses.

17 — Broche grosse tête de chien, cristal, entourage grains or.

18 — Broche petite tête de chien, cercle pierres de couleur.

19 — Broche cavalier, cristal gravé, entourage grains or.

20 — Broche camée tête d'homme, entourage perles.

21 — Broche camée tête de femme, entourage perles.

22 — Broche bourdon, crocydalithe et roses.

23 — Broche papillon or, enrichie de deux rubis, deux saphirs et roses.

24 — Broche deux rondelles, lapis, or, rubis et roses.

25 — Broche mosaïque romaine, représentant des colombes.

26 — Deux paires de boutons d'oreilles, lapis et roses.

27 — Paire de boutons d'oreilles scarabées, montés sur or, style romain.

28 — Paire de boutons de manchettes, ornés de l'initiale *A*, en rubis, monture or.

29 — Paire de boutons de manchettes, émail noir, enrichis de seize brillants.

30 — Coulant de cravate, œil de chat entouré de roses sur or.

31 — Bracelet gourmette or martelé, avec montre, entourage roses.

32 — Bracelet avec saphir étoilé, entourage de roses, gourmette unie or.

33 — Bracelet spirale, or filets.

34 — Collier chaîne ronde, médaillon Campana or.

35 — Trois colliers chaîne or.

36 — Grand sautoir chaîne or uni.

37 — Crochet d'éventail orné du chiffre *A-C* et d'une couronne.

38 — Crayon émail représentant un roi de trèfle.

39 — Porte-allumettes argent, orné de l'initiale *A* et d'une couronne émail.

40 — Un lot de cinq petites perles blanches pesant 7 grains 1/2.

41 — Sous ce numéro seront vendus différents débris de bijoux en or, en argent et en matières diverses.

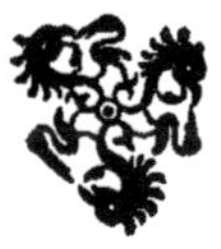

ARGENTERIE

42 — Surtout de table, composé de deux grandes coupes et quatre petites en cristal, sur pieds en argent ciselé à rocailles et fleurs, de la maison Odiot.

43 — Service a thé et a café en argent gravé, décor à fleurs, composé d'une bouilloire avec lampe, une théière, une cafetière, un pot à crème, un bol, une boîte à biscuits, un sucrier avec pince à sucre, une boîte à gâteaux et un grand plateau.

44 — Paire de candélabres en argent ciselé, fuseaux forme gaine feuillagée et perlée, bases enguirlandées de laurier. Style Louis XVI.

45 — Deux paires de flambeaux en argent repoussé, décor à coquilles. Style Louis XV.

46 — Garniture de toilette en argent guilloché, composée d'un miroir de toilette monté à chevalet, un miroir à main, deux boîtes à poudre de riz, boîte à brosses, deux savonnières, une boîte à poudre dentifrice.

47 — Miroir de toilette monté à chevalet, cadre en argent gravé.

48 — Pot a eau et cuvette en argent gravé et ciselé.

49 — Boite a éponge en argent treillagé.

50 — Service de table en argent, composé de : 36 fourchettes, 18 cuillers, 36 couteaux manches argent. Travail de la maison Odiot.

51 — Service de table en argent, composé de : 42 fourchettes, 18 cuillers, 48 couteaux manche argent, 12 fourchettes à dessert, 12 cuillers à dessert, 11 couteaux à dessert manche argent, 12 pelles à glace, 18 cuillers à café, une louche, 2 pinces à sucre, un couteau à fromage.

52 — Service a dessert en vermeil, composé de : 18 fourchettes, 18 cuillers, 18 couteaux lame acier, 18 couteaux lame vermeil.

53 — Service a poisson en argent, composé de 12 fourchettes et 12 couteaux. Travail de la maison Odiot.

54 — Service a glace en vermeil, style Louis XV, composé d'une grande pelle, une truelle et 12 pelles à glace. Travail de la maison Odiot.

55 — Deux couverts a dessert en argent, composés de 2 fourchettes, 2 cuillers, 2 cuillers à café, 2 couteaux lames acier, 2 couteaux lames argent.

56 — Deux pichets-carafons à liqueur en cristal, monture en vermeil, style Louis XVI. Travail de la maison Odiot.

57 — Deux carafes à vin en cristal, monture vermeil, style Louis XV. Travail de Leuchars.

58 — Deux carafes à vin en cristal, monture vermeil. Travail de la maison Odiot.

59 — Broc à Champagne en cristal taillé, monture en vermeil.

60 — Quatre carafes à vin en cristal gravé, monture argent.

61 — Deux légumiers en argent, couvercles à pomme de pin. Style Louis XVI.

62 — Légumier en argent ciselé, décor à paysage et animaux.

63 — Deux saucières en argent, style Empire.

64 — Sucrier en argent, style Louis XVI, intérieur en verre bleuté.

65 — Soupière ronde avec couvercle à deux anses mobiles, en argent uni.

66 — Deux réchauds ovales avec anses à feuillages et cloches en argent.

67 — Coupe a pain à deux anses, à rocailles en argent.

68 — Coupe de milieu de table, argentée, décor à guirlandes de fruits.

69 — Deux corbeilles a fruits, en argent lobé, bordure à branchages de vigne.

70 — Jardinière en argent finement ciselé et ajouré, avec écussons laurés.

71 — Deux plats creux en argent.

72 — Deux plats ronds en argent à filets.

73 — Quatre plats longs en argent à filets.

74 — Quatre plats creux en argent, bordure filets et feuillages.

75 — Plat a truffes simulant une serviette pliée, en argent, travail de la maison Mayer.

76 — Huit gobelets de chasse en argent, à têtes d'animaux.

77 — Trois grands gobelets de chasse en argent, à têtes d'animaux.

78 — Huit dessous de carafes en argent.

79 — Cinq coquetiers en argent.

80 — Six brochettes en argent.

81 — Porte-tasse et soucoupe en vermeil, à figures de femmes tenant des guirlandes. Travail de style Empire de la maison Lapar.

82 — Ciseau à raisin, pince à asperges, truelle à poisson, cuiller à fraises et cuiller à sucre, tire-moelle en argent.

83 — Moule à soufflets en argent.

84 — Moulin à poivre en argent guilloché.

85 — Petite cafetière avec pot à crème, en argent guilloché.

86 — Coquetier formant rond de serviette, forme baril, en argent.

87 — Deux cuillers en cristal taillé, tiges en argent émaillé.

88 — Salière, poivrière et moutardier, sur feuille de vigne, en argent anglais.

89 — Six salières en argent, à bandes ornementées, posant sur quatre pieds à griffes.

90 — Gobelet en vermeil, à cannelures tournantes.

91 — Petite timbale en argent gravé et repoussé, style Louis XIII.

92 — Gobelet en argent guilloché, sur pied ajouré.

93 — Petite sonnette en argent gravé et guilloché.

94 — Porte-bouquets en argent martelé, décor à branchages de fleurs.

Argenture

95 — Quatre brocs a sirop en cristal, avec garnitures en métal anglais.

96 — Deux porte pain-grillé en argenture de la maison Leuchars.

97 — Sceau a glace argenté, genre vannerie.

98 — Douze porte-couteaux argentés.

99 — Confiturier en cristal, couvercle en argent anglais.

100 — Deux moules à soufflets en argenture de Christophle.

101 — Saladier avec le service en cristal taillé, garnis de métal argenté.

102 — Service a sel, a poivre et a moutarde, forme petite table garnie de métal.

103 — Coupe a bonbons, forme sceau à charbon, avec sa cuiller en métal.

104 — Porte-verres en métal ajouré et argenté.

105 — Deux petites coupes à bordure dentelée, en métal anglais.

106 — Service a œufs en argenture, de la maison Kirby Beard.

107 — Corbeille a gateau en métal argenté, décor gravé, à anneaux.

108 — Plat ovale a asperges, en argenture.

109 — Huit pots a crème, forme poëlon, en argenture de la maison Leuchars.

110 — Brosse a miettes argentée.

111 — Coupe-œufs, sept pelles à sel, couvert à pickels argentés.

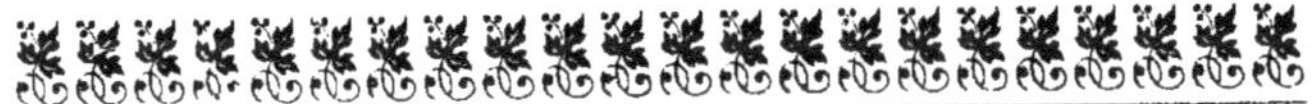

TABLEAUX

AQUARELLES

Achenbadt (André)

112 — *Marine.*

Signé en bas.

Toile. Haut., 70 cent.; larg., 95 cent.

Berchère

113 — *La Halte de la caravane.*

Signé à droite.

Bois. Haut., 35 cent.; larg., 30 cent.

Chaigneau (Ferdinand)

114 — *Le Troupeau de moutons.*

Signé à droite.

Bois. Haut., 60 cent.; larg., 48 cent.

Ciceri (Eugène)

115 — *Les Laveuses.*

Aquarelle.

Innocenti

116 — *La Partie de cartes.*

Signé à gauche.

Bois. Haut., 45 cent.; larg., 55 cent.

Innocenti

117 — *Le Duo d'amour.*

Signé à droite.

Haut., 50 cent.; larg., 70 cent.

Morgenstern

118 — *La Mare.*

Signé à gauche : *1827.*

Toile. Haut., 65 cent.; larg., 95 cent.

Noël (Jules)

119 — *La Sortie du parc.*

Signé à gauche.

Bois. Haut., 35 cent.; larg., 24 cent.

Reynolds (Attribué à)

120 — *Le Peintre gentilhomme.*

Signé à droite.

Bois. Haut., 31 cent.; larg., 28 cent.

Robbe

121 — *Berger gardant son troupeau.*

Signé à gauche : *1852.*

Toile. Haut., 80 cent. ; larg., 1 m. 25.

De Tournemine

122 — *Paysage oriental.*

Signé à gauche.

Toile. Haut., 70 cent. ; larg., 1 m. 25.

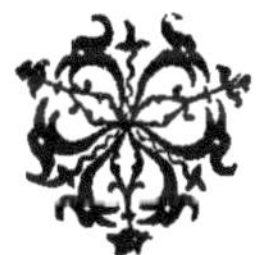

OBJETS D'ART

ET

D'AMEUBLEMENT

Porcelaines et Faïences

123 — **Berlin.** Deux statuettes d'enfants : les petits comédiens.

124 — **Chine.** Jardinière ronde ancienne, fond vert céladon, dessin à grecques gravées sous couverte, médaillons à scènes d'enfants et de chimères, en émaux de couleur. Monture en bronze ciselé et doré. Style Louis XVI.

125 — **Chine.** Jardinière, forme cul-de-poule, décor à arabesques, fleurs et lambrequins, en bleu sur blanc.

126 — **Chine.** Petite corbeille ancienne et ajourée, ornée de fleurettes en relief.

127 — **Vieux Chine.** Petit cache-pot, décor à branchages fleuris. Monture en bronze doré.

128 — **Dresde.** Vase avec couvercle, décor à bouquets de fleurs.

129 — **Inde (genre).** Deux jardinières à pans, décor aux armes de France et à branchages fleuris.

130 — **Vieux Japon.** Jardinière, décor à paysages fleuris en bleu, rouge et or. Monture en bronze doré.

131 — **Japon ancien.** Hanap, décor en bleu, rouge et or, à lambrequins et branchages fleuris.

132 — **Kronenburg ancien.** Statuette : la petite marchande de fruits.

133 — **Ludwigsburg.** Théière et poudrière, décor à fleurs et rocailles en relief.

134 — **Vieux Paris.** Petit plateau carré, décor semis de fleurs, bordure à guirlandes et bande jaune.

135 — **Saxe ancien.** Plateau rectangulaire à angles rentrés, décor à bouquets de fleurs.

136 — **Saxe ancien.** Deux tasses avec leurs soucoupes, offrant des petits personnages dans des encadrements dorés.

137 — **Saxe ancien.** Groupe de trois figurines, représentant l'Innocence tourmentée par l'Amour.

138 — **Saxe ancien.** Bonbonnière, décorée de petits personnages, dans des encadrements à rocailles dorées ; le couvercle offre à l'intérieur trois personnages sur un canot.

139 — **Saxe ancien.** Brebis et agneau au repos.

140 — **Saxe ancien.** Bonbonnière, décorée de groupes d'amours, au milieu d'encadrements à rocailles, couvercle offrant à l'intérieur un amour couronnant une jeune femme.

141 — **Saxe ancien.** Groupe de deux personnages : Confidence amoureuse.

142 — **Saxe ancien.** Groupe de quatre enfants : allégorie aux Arts et aux Sciences.

143 — **Saxe ancien.** Très petit groupe : faunesse et faune dansant.

144 — **Saxe ancien.** Deux statuettes d'enfants drapés, allégories aux Sciences.

145 — **Saxe ancien.** Deux tasses et leurs soucoupes, décor à bouquets de fleurs, bordure gaufrée.

146 — **Saxe.** Groupe : Jeune mère tenant son enfant, terrassement à rocailles.

147 — **Saxe.** Enfant accroupi, jouant avec une poule enfermée dans une cage.

148 — **Saxe.** Groupe de trois enfants : Allégorie aux Sciences.

149 — **Saxe.** Statuette de petit jardinier.

150 — **Saxe.** Deux groupes : jeune marquis jouant avec un chien et jeune marquise soignant un chat.

151 — **Saxe.** Jardinière, décor à volatiles sur des branchages fleuris, et ornés de têtes de femmes en relief.

152 — **Saxe**. Petit cache-pot, décor à fleurs, anses à têtes d'enfants.

153 — **Vieux Sèvres**. Plateau ovale à bordure lobée, décor à bouquets de fleurs, pâte dure.

154 — **Vieux Sèvres**. Tasse et sa soucoupe, fond bleu turquoise, à médaillons décorés de volatiles et encadrés de motifs dorés, pâte tendre.

155 — **Vieux Sèvres**. Écuelle et son couvercle, bordures à rocailles dorées.

156 — **Vieux Vienne**. Sucrier et son couvercle, décor à bouquets de fleurs détachés et insectes, bordure à feuilles de chou.

157 — **Urbino**. Vase quadrilobé, décor à personnages, avec banderoles à impressions.

Sculptures

158 — Jolie petite statuette en marbre blanc : Jeune femme à son lever, de Pradier, signée.

159 — Deux statuettes d'enfants en marbre blanc, sur socles en marbre rouge griotte.

160 — Deux petits groupes en biscuit de Sèvres, représentant les Baisers, d'Houdon, sur socles en marbre de Paros, époque Louis XVI.

161 — Groupe en biscuit de Boisette : Pygmalion et Galathée.

Objets de Vitrine et divers

162 — Poudrière en verre taillé, décor d'or à fleurettes et guirlandes. Époque Louis XVI.

163 — Bonbonnière en or, décor à entrelacs ornés d'attributs et de fleurs ; le couvercle, émaillé vert et bleu, offre au milieu une peinture représentant deux petits personnages jouant avec un oiseau. Époque Louis XVI.

164 — Éventail en ivoire finement découpé et plaqué d'or, à petits personnages dans des bosquets, feuille ornée de peintures offrant d'un côté une fête champêtre, composition de nombreux personnages, et de l'autre côté, le retour du chasseur. Époque Louis XVI.

165 — Éventail en nacre finement sculpté à jour et gravé à petits personnages, rehaussé d'or et d'argent, feuille offrant des médaillons à petits personnages, dans des paysages, et deux portraits d'homme et de femme. Époque Louis XVI.

166 — Éventail en ivoire ajouré, feuille offrant des allégories à la Foi et à l'Espérance. Époque Louis XVI.

167 — Plaque ovale en ancien émail de Limoges, représentant saint Joseph portant l'Enfant-Jésus, signé : *Laudin à Limoges.*

168 — Plaque en ancien émail de Limoges, représentant la Descente de Croix, cadre en bois sculpté et doré.

169 — Coffret rectangulaire en agate, monture à cage en cuivre doré. Premier Empire.

170 — Petite coupe ovale en agate, anses à chimères ailées et piédouche en argent.

171 — Coupe en agate, pied en argent gravé et incrusté de grenats cabochons.

172 — Coupe en agate, pieds et anses en argent gravé et orné de pierres vertes cabochons.

173 — Coupe en agate, montée sur pied en argent ciselé et repoussé, à décor de femme assise et feuillage.

174 — Petite gargoulette en laque de Pékin, garnie d'argent.

175 — Tasse à anses et son plateau en jade vert finement sculpté et gravé. Travail chinois.

176 — Bénitier Louis XIII en cuivre gravé et doré, orné de coraux.

177 — Deux pitongs en pierre de lard finement sculptés et ajourés.

178 — Baguier en corne, monture en argent de la maison Leuchars.

179 — Drageoir en sardoine, monture en argent, couvercle orné d'une tête d'homme ailée.

180 — Petit brule-parfums en sardoine, monture en bronze doré, bordure ajourée, sur socle en bronze ciselé.

181 — Coupe en émail cloisonné de Chine, fond bleu turquoise, avec papillons et cachets en couleur.

182 — Plat en émail cloisonné du Japon, décoré d'ibis dans un paysage sur fond bleu turquoise.

183 — Petite jardinière en ancien émail cloisonné de Chine, fond bleu turquoise à arabesques de fleurs.

184 — Petite jardinière en ancien bronze de Chine, portée par quatre têtes d'éléphants.

185 — Bonbonnière ovale en ancien émail de Saxe, décor du couvercle représentant Loth et ses filles.

186 — Bonbonnière rectangulaire en ancien émail de Saxe, décor à petits personnages dans des médaillons réservés sur fond bleu.

187 — Drageoir ouvrant à deux compartiments, en ancien émail de Saxe, offrant sur toutes ses faces des paysages animés de cavaliers, de carosses et de personnages.

188 — Petit drageoir en or, avec plaquette en onyx noir, enrichie des lettres *A.-M.* entrelacées en roses.

189 — Petite boite a poudre de riz, en or, couvercle formé d'un gros grenat cabochon entouré de roses.

190 — Flacon à odeur, forme perruche, corps en cristal gravé, tête et queue en argent.

191 — Vase en cristal taillé, anse forme branchage fleuri, en bronze ciselé et doré.

192 — Petite pendule en cristal gravé, monture en argent ciselé et doré, cadran émaillé. Travail de Vienne.

193 — Gobelet en ivoire offrant en bas-relief des enfants prenant leurs ébats au milieu d'arabesques feuillagées, monture en bronze doré.

194 — Porte-bouquets argenté, forme trépied feuillagé, avec coupe en verre rosé.

195 — Vase formé par une bûche creusée, monture à branchage de gui en bronze doré.

196 — Lampe formée par un vase en ancienne faïence de Castel Durante, décor à fleurs, fruits et inscriptions.

Bronzes

197 — Pendule en marbre blanc et bronze doré, à figures de femmes, allégories à la Tragédie et à la Comédie ; le cadran, signé *Chrétien, à Paris*, est surmonté d'un groupe de deux enfants au milieu de nuages, entre deux vases fleuris ; le bas à attributs divers et bas-reliefs à jeux d'enfants. Epoque Louis XVI.

198 — Pendule en bronze ciselé et doré, à figures de femmes assises et dessinant, appuyées de chaque côté du cadran signé *Vaillant, à Paris*. Socle en marbre blanc, orné d'un bas-relief à jeux d'amours, perles et olives en bronze doré. Epoque Louis XVI.

199 — Pendule représentant une jeune femme ravissant un oiseau à l'Amour, en bronze doré, assise sur le cadran signé : *Henri Voisin*. Socle en marbre blanc,

orné d'un bas-relief à scène de chasse, de rinceaux et de guirlandes feuillagées, en bronze ciselé et doré ; contre-socle en marbre blanc. Epoque Louis XVI.

200 — Paire de candélabres formés de vases en marbre blanc d'où s'échappent des branches de chêne, à trois lumières, anses à cols de cygne, pieds à feuillages, cannelures et perlés, socles en marbre, ornés d'un perlé en bronze. Epoque Louis XVI.

201 — Paire de candélabres en bronze ciselé et doré, formés de figurines de petits faunes dansant au milieu de branchages, à trois lumières. Socles en marbre blanc, ornés de perles et rosaces en bronze doré. Epoque Louis XVI.

202 — Paire de petits flambeaux formés par des statuettes d'enfants en porcelaine de Saxe, au milieu de branchages fleuris. Monture en bronze. Style Louis XV.

203 — Paire de brule-parfums formés de vases en porcelaine de Saxe, décor à branchages fleuris en rouge, bleu, vert et or, monture en bronze doré forme trépieds à têtes de boucs, reliées entre elles par des chainettes. Époque Louis XVI.

204 — Jardinière carrée en ancien bronze de Chine, décor gravé.

205 — Paire de candélabres en bronze ciselé et doré, formés par des statuettes de nymphes légèrement drapées, portant des branches de roses à deux lumières, posant sur des socles feuillagés, contre-socles en marbre blanc, ornés d'attributs enguirlandés en bronze doré. Epoque Louis XVI.

206 — Paire de flambeaux formés de petits vases sur colonnes en marbre blanc, monture à branchages fleuris en bronze doré. Epoque Louis XVI.

207 — Paire de flambeaux en marbre blanc et bronze ciselé et doré, à feuilles d'eau, feuilles de chêne et perlés. Epoque Louis XVI.

208 — Paire de flambeaux en bronze ciselé et doré, à côtes tournantes et feuillages. Epoque Louis XVI.

209 — Flambeau en bronze modèle, à cannelure et feuillages. Epoque Louis XVI.

210 — Belle pendule en bronze ciselé et doré, forme monument, surmontée d'un vase au milieu de rinceaux avec guirlandes de fruits, les côtés à consoles renversées, dessous le cadran émaillé et portant la signature *Beaugrand à Paris*, un bas-relief avec trophées allégoriques aux Sciences. Style Louis XVI.

211 — Paire de beaux candélabres en bronze ciselé et doré, représentant des génies dont les corps se terminent en volutes feuillagées, et tenant des thyrses enguirlandés de vigne, et d'où émergent des bouquets à huit lumières. Style Louis XVI.

212 — Paire de grands candélabres à dix lumières en bronze ciselé et doré, modèle vases fleuris, avec bas-reliefs jeux d'enfants, au milieu de trépieds à pieds de biches ornés de chutes de fruits et de fleurs, de draperies et de guirlandes. Style Louis XVI.

213 — Paire d'appliques à deux lumières, à rinceaux feuillagés, se terminant en têtes de biches soutenant une guirlande de fruits en bronze ciselé et doré, et reliés à un thyrse bleui, enguirlandé de feuillages. Style Louis XVI.

214 — Deux paires de bras d'appliques à deux lumières en bronze ciselé et doré, forme gaine, ornées de têtes de béliers, auxquelles se rattachent des guirlandes de lauriers et surmontées de brûle-parfums Louis XVI.

215 — Paire d'appliques à deux lumières en bronze ciselé et doré, forme gaines ajourées, ornées de draperies et surmontées de brûle-parfums. Style Louis XVI.

216 — Paire de chenets à brûle-parfums, sur balustrade avec rinceaux feuillagés, en bronze ciselé et doré, fond bleui. Style Louis XVI.

217 — Paire de chenets Louis XVI en bronze doré, représentant des enfants assis sur des balustrades et se chauffant.

218 — Joli lustre Louis XVI à douze lumières, modèle à rinceaux feuillagés suspendus par des chaînes de perles, enfilage et pendeloques en cristal taillé.

219 — Lustre style flamand XVIe siècle, à seize lumières, en cuivre perlé et gravé. Disposé pour l'électricité.

220 — Plafonnier en bronze doré et cristal taillé. Disposé pour l'électricité.

Sièges

221 — Bel ameublement de salon en bois sculpté et doré, dessin à rubans enroulés avec trèfles à quatre feuilles, bordure à perlés, montants et accotoirs à piècettes enfilées, pieds cannelés avec tores de lauriers. Époque Louis XVI. Il se compose d'un canapé avec coussins couverts en soierie rose rayée et brochée à festons de fleurs, deux fauteuils couverts en soierie bleue très pâle rayée et brochée, une bergère en soierie rose et gris rayée et quatre chaises couvertes en satin rouge avec applications de vases fleuris et de rinceaux en velours noir.

222 — Chaise du temps de Louis XVI, en bois sculpté et doré, dessin à rubans enroulés avec lyre au milieu du dossier, couverte en tapisserie moderne, vases fleuris et rinceaux.

223 — Tabouret de pied Louis XVI, en bois sculpté et doré, dessin à rubans enroulés, couvert en soierie rayée et brodée.

224 — Quatre chaises Louis XVI, en bois sculpté et doré, dossiers à colonnettes et balustrades, arcs et carquois, couvertes en tapisserie moderne, à vases fleuris et rinceaux.

225 — Siège confident en bois sculpté et doré, dessins à rais de cœurs et perlés, dessus à rubans enroulés, pieds cannelés, foncé de canne dorée, style Louis XVI.

226 — Deux petites banquettes à une place, en bois sculpté et peint en vert clair, foncée de canne avec coussins et lambrequins en soierie ornée d'applications, Louis XVI.

227 — Deux fauteuils en acajou, style anglais.

228 — Petite banquette, style anglais.

229 — Deux fauteuils caqueteuse en bois d'acajou, style anglais.

230 — Tabouret de piano en palissandre, style Louis XVI, dessus velours Liberty.

Meubles

231 — Beau meuble à hauteur d'appui, à quatre rangées de tiroirs, côtés cintrés ouvrant à une porte, en bois d'acajou garni de bronzes ciselés et dorés, bandeaux à rubans encadrant des soleils et des rosaces, et entrecoupés de feuilles de chêne. Moulures à jones enrubannés, encadrements à perlés, entrées de serrures à écussons laurés, dessus en marbre blanc, avec galerie en cuivre, forme balustrade, et lambrequins à glands. Époque Louis XVI. (Certains bronzes postérieurs d'époque).

232 — Guéridon en bois noir et de huya, garni de bronzes ciselés et dorés, draperies à glands, pieds à griffes de lions, dessus en marbre blanc, époque Louis XVI.

233 — Jardinière hexagonale en bois d'acajou, offrant sur chaque face des peintures allégoriques à l'histoire de Télémaque, garnie de bronzes, le bas à jour, avec tablette d'entrepieds, le dessus se couvrant au besoin d'une tablette pour former support, époque Louis XVI.

234 — Table a jeu en bois d'acajou garni de bronzes, le dessus à développement se rabattant, avec un tiroir, époque Louis XVI.

235 — Deux servantes à étagères en bois d'acajou, tablettes en marbre garni de cuivres, époque Louis XVI.

236 — Servante à crémaillère en bois de rose, dessus en marbre rouge, avec galerie de cuivre, époque Louis XVI.

237 — Table rectangulaire en bois d'acajou, avec tiroirs, bandeaux ornés de guirlandes de fleurs, pieds cannelés avec chutes d'asperges en bronze doré, Louis XVI.

238 — Deux gaines à quatre faces en marqueterie de bois de citronnier et satiné, garnies de têtes de béliers retenant des draperies avec glands, d'encadrement, de consoles et de moulures en bronze ciselé et doré, de style Louis XVI.

239 — Jolie table en marqueterie de bois de citronnier, garnie de bronzes dorés, le tiroir de devant orné de marbre vert, et le dessus en marbre rouge d'Orient. Style Louis XVI.

240 — Bureau ouvrant à cylindre, en bois d'acajou moucheté, garni de cuivres, dessus en marbre blanc avec galerie. Style Louis XVI

241 — BUREAU bonheur-du-jour, surmonté d'une vitrine, avec côtés à étagères, à fond de glace, en bois d'acajou garni de bronzes. Style Louis XVI.

242 — PETIT BUREAU de dame, le dessus à rabat et cylindre, en bois d'acajou, orné de cuivres. Style Louis XVI.

243 — PETITE BIBLIOTHÈQUE à hauteur d'appui en bois d'acajou, dessus en marbre jaune, garni de bronzes. Style XVIIIe siècle.

244 — PETITE PAPETERIE à cylindre, en bois d'acajou moucheté.

245 — TABLE VIDE-POCHE en bois de noyer, avec piètements forme lyre. Style Louis XVI.

246 — PETITE TABLE rectangulaire en bois d'acajou, garnie de bronzes, dessus en marbre brèche d'Alep, avec galerie à jour. Style Louis XVI.

247 — ARMOIRE A GLACE biseautée en bois d'acajou, avec colonnettes cannelées et moulures de cuivre. Style Louis XVI.

248 — TABLE ovale en bois d'acajou, avec moulures et cannelures en cuivre, style Louis XVI.

249 — TABLE DE NUIT en bois d'acajou avec moulures et cannelures de cuivre, style Louis XVI.

250 — GRANDE TOILETTE en bois d'acajou avec moulures de cuivre, dessus en marbre rouge à étagères, style Louis XVI.

251 — Armoire à deux portes, en acajou avec encadrements en bronze doré, style Louis XVI.

252 — Meuble à hauteur d'appui, ouvrant à deux portes, en bois des Iles, richement décoré d'applications d'ivoire et de bois clair, représentant des paysages animés de nombreux personnages. Le dessus rappelant le même décor, travail d'incrustations et de Chine.

253 — Support sur quatre pieds, en bois incrusté de nacre et d'os, travail d'Orient.

254 — Tabouret octogonal de même travail.

255 — Grande armoire à trois portes et deux tiroirs, disposée à l'anglaise, en bois d'acajou moucheté et verni.

256 — Bureau, style anglais, en bois d'acajou et poignées en cuivre.

257 — Toilette duchesse de même style.

258 — Paravent triptyque en tapisserie au petit point, représentant des scènes champêtres, avec encadrement à trophées d'attributs et rinceaux fleuris, le haut en glaces biseautées, monture gainée de peluche verte.

259 — Petit paravent triptyque garni de point de Hongrie et de petits carreaux avec lambrequins.

260 — Piano droit en palissandre, de Pleyel.

Tapis, Tentures

261 — Décoration de fenêtre composée de deux rideaux et d'un lambrequin en lampas bleu pâle à fleurs et branchages en blanc, avec rideaux transparents en taffetas jaune et encadrement en bois sculpté peint en blanc, style Louis XVI.

262 — Décor de fenêtre, composé de deux grands rideaux et d'une bonne grâce en satin rouge, orné d'applications de velours noir.

263 — Grand panneau de tenture en satin rouge, brodé de scènes chinoises à personnages, de fleurs et d'animaux.

264 — Tapis d'Aubusson, style premier Empire, à médaillons, oiseaux, vases et rinceaux, écoinçons à branchages enguirlandés de vignes, bordure à ornements.

265 à 267 — Trois tapis d'Orient à fond rose, décor polychrome.

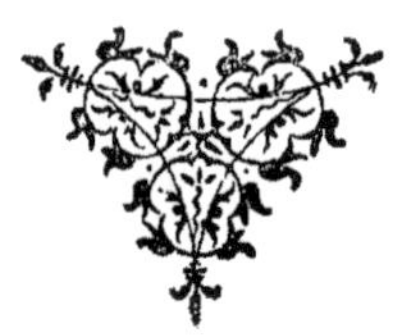

www.ingramcontent.com/pod-product-compliance
Ingram Content Group UK Ltd.
Pitfield, Milton Keynes, MK11 3LW, UK
UKHW022153170726
13837UKWH00004B/1958